尽誠学園高校から学ぶ

無限に広がる ソフトテニス戦術練習

尽誠学園高校ソフトテニス部監督
森博朗 著

ベースボール・マガジン社

本書が皆さんの日頃の練習のきっかけに、そして日本ソフトテニス界のレベルアップにつながると信じて

最初に尽誠学園高校ソフトテニス部〈TEAM尽誠〉を紹介します。

2023年の私たち尽誠学園は、お陰様でインターハイ団体で4連覇を達成することができました。高校男子ソフトテニス界では1961年〜69年の間に2校が達成し、尽誠学園が3校目です。

また、同年3月の高校選抜、10月の国体と合わせて、高校3冠も本校として初めて成し遂げました（27年ぶり史上3校目）。

国体制覇後にスタートした新チームは、『史上初の高校選抜3連覇、長崎インターハイで史上初の団体5連覇、佐賀国体2連覇』を目標に掲げ、『前人未踏の2年連続3冠達成』という史上初の偉業を達成するため、高校ソフトテニス界を引っ張っていくんだという自負と、他競技のトップアスリートやオリンピックを目指す同世代の仲間と夢を語れるような活力を日々蓄え、それに見合う人間力を身につけるべく決意新たに取り組んでいます。

私自身、子どもたち一人ひとりと熱く深く関わり、〈TEAM尽誠〉という文化の中で、「おまえと一緒に働きたいわ」と言われる幸せ、そして『〝ありがたい〟を日本一感じて考動し、自分以外の誰かの喜びのために顔晴（がんば）れる』人間味あふれる高校生を育成できるよう、自分自身も日々成長していこうと誓っています。

本書では、私たちが日頃取り組んでいる実戦的な場面想定からの練習メニューを紹介しています。基本練習ももちろん大切にしていますが、本番で、基本練習で身につけた技術を発揮するため

す。

また、同年3月の高校選抜、10月の国体と合わせて、高校3冠も本校として初めて成し遂げました（27年ぶり史上3校目）。

国体制覇後にスタートした新チームは、『史上初の高校選抜3連覇、長崎インターハイで史上初の団体5連覇、佐賀国体2連覇』を目標に掲げ、『前人未踏の2年連続3冠達成』という史上初の偉業を達成するため、高校ソフトテニス界を引っ張っていくんだという自負と、他競技のトップアスリートやオリンピックを目指す同世代の仲間と夢を語れるような活力を日々蓄え、それに見合う人間力を身につけるべく決意新たに取り組んでいます。

私自身、子どもたち一人ひとりと熱く深く関わり、〈TEAM尽誠〉という文化の中で、「おまえと一緒に働きたいわ」と言われる幸せ、そして『〝あ

には、日頃から実戦的な場面想定の中でも同じことができなければなりません（再現性を高める）。だからこそ、日頃の練習が本番と同様の場面になっていなければいけないと考えています。

実戦的な場面想定の中で、細かい技術や身体さばきなどを臨機応変に駆使する力を身につけるとともに、瞬時の判断力などを磨くことも同時に行っています。ラリーが続かないからとか、できそうにないからではなく、男女問わず小学生から社会人、カテゴリーも関係なく、「まずはやってみる！」ことです。そうすると、プレーヤーたちが面白がっていろいろと素晴らしい発想で取り組んでくれると思いますし、それが雁行陣や並行陣、さまざまな陣形に広がり、さらなるレベルアップにつながると確信しています。

いま国際大会で活躍する選手や日本のトップ選手たちは、瞬時の判断でさまざまな陣形を駆使して戦う力が求められています。他競技のように、高校生でも天皇杯優勝を狙える力を養うためには、『ダブルフォワードで戦う力』が必要不可欠だと私は考えます。

ですから本書でも、最終的にダブルフォワードの陣形に持ち込んで攻撃する展開の練習もラインナップしました。少し設定を変えることで、練習メニューが無限に広がっていくことも、実感していただければうれしいです。ここに紹介していることが、必ずや皆さんの日頃の練習のきっかけに、そして日本ソフトテニス界全体のレベルアップにより一層つながる「光」になると信じています。ともに躍動し、躍進していきましょう！

尽誠学園高校ソフトテニス部監督

森 博朗

064　第 2 章 リアルな想定場面からの形式練習

1つの設定から何パターンにも展開を広げ、
　　　　　　試合の全場面を網羅する

6

152 　番　外　編　卓球台を活用した練習法

発想力を豊かに
　　メニューを膨らませる

ラリーを止めない
つなぐコツをつかむ

第 1 章

実戦的な
場面想定から
身体さばき＆
ラケットさばきを磨く

ドリル 1 「サービスをローボレー」──どんどん前につめる

身体を逃したり、逆取りしたりして ローボレーする

方法

①球出し役はベースラインからストレートにサービスを打つ

②逆側のコートの選手はサービスライン付近に立ち、ローボレーをする

③ローボレーをした選手はどんどん前につめながらボレーをし、ボレー&ボレーを続けていく

サービスをローボレーする選手はスタンスは広めに待球姿勢をとり、サービスライン付近に短く返す。待球姿勢をとっている場所でローボレーをするのではなく、斜め前に入る感じを意識してローボレーしていこう

POINT!

　　サービスの動作からのボレーとなると、サービスをボレーで返球する選手は緊張するため、定位置に返球できるとは限りません。この練習では、サービスを打った選手がそのようなちょっとずれたり、短くなったボールに対して、ミスなく対応していくことが狙いです。
　　サービスをローボレーする選手は球筋を予測して、正面に立って身体を逃しながら取ったり、逆取りしたりする身体さばきを身につけます。

ドリル 2

「サービスをローボレー」
──下がりながらローボレーで対応

下がりながら
対応する力もマスターする

方法

① 球出し役はベースラインからストレートにサービスを打つ

② 逆側のコートの選手はサービスライン付近に立ち、ローボレーをする

③ ローボレーをした選手は後ろに下がりながらボレーをし、ボレー＆ボレーを続けていく

相手の球筋を読み、斜めに下がることを意識しよう。また、フォアでボレーするだけではなく、フォアもバックもまんべんなく両方でボレーできるよう、自分でポジショニングを調整しながら取り組もう

このメニューは、ボレー時の打点の幅を広げる練習です。下がりながら止まって相手打球に対応することも大事ですが、下がりながら対応することもできたほうがよいでしょう。さらに、この練習で、「下がりながら止まって対応」「下がりながら対応」のどちらのほうがミスが多いかを感じてください。

下がって止まって打つボレー

下がりながら打つボレー

相手の体勢を見て、ネットにつめ直す

ドリル 3 「サービスをローボレー」——ネット前から下がりながらローボレー

ノーバウンドか、ワンバウンドかの判断力を磨く

方法
①球出し役はベースラインからストレートにサービスを打つ
②逆側のコートの選手はネット前に立ち、下がりながらローボレーをする
③サーバーはサービスを打ったら前につめていき、相手の返球をノーバウンドで返す
④ラリーを続けていく

POINT!

　実際の試合の中で、相手打球をノーバウンドで打つか、ワンバウンドさせて打つかの境界線は非常にむずかしいです。この練習では、球出し役でもあるサーバーが、相手返球の球筋を予測してノーバウンドで取れるようにします。
　また、ローボレーする選手はドリル2同様に、下がりながら返球する対応力を磨きます。

サーバーにノーバウンドで対応させるため、ローボレーする選手はローボレーを浮かせる。ただし、サーバーは浮いた球を見て待って取るのは×。また、ノーバウンドで対応したあとも動きが止まらないように気をつけよう。サービスから前につめる際は、動きに強弱をつける（サービスは力強く、ノーバウンド対応時はしなやかに）イメージで

ドリル **4** ▷ サービスを下がりながらショートバウンドで返す

ワンバウンドか、ショートバウンドかの判断力を磨く

方法

①球出し役はベースラインからストレートにサービスを打つ

②逆側のコートの選手はネット前に立ち、下がりながらショートバウンドで返す

③サーバーはサービスを打ったら前につめていき、相手の返球をショートバウンドで返す

④ラリーを続けていく

　実際の試合の中で、相手打球をワンバウンドで返すのか、ショートバウンドで返すのか、迷うことがあります。実際、ノーバウンドのほうが簡単ですが、たまたま後ろに下がっている途中にショートバウンドで取らなければならないときもあるはずです。下がりながらも相手打球の球筋を予測して、自分の右側にくるのか、左側にくるのか、素早く判断し、ショートバウンドで返す練習をしていきます。

下がりながらショートバウンドで返球する選手は、初めに立つ場所はネット前だが、後ろに下がりながらショートバウンドを取る際には脚力がいるため、それぞれの力量次第で下がるタイミングは調整したほうがいい。また、フォアだけではなく、バックでも返球できるよう練習しよう

ドリル 5 ▷ 下がりながらストロークし、その後、前につめる

アプローチショット後に 前につめる意識をする

方法

①球出し役であるサーバーはサービスライン付近からサービスを打つ

②逆側のコートの選手はサービスラインとベースラインの中間付近に構え、そこから後ろに下がってサービスをストロークで返球する。その後、前につめていく

③サーバーが3球目を返球する

④4球目以降、逆側のコートの選手はアプローチショット、もしくはノーバウンドで対応する

⑤ラリーを続ける

ラリー中は前に行っても後ろに行ってもOK。
指導者が限定してもよい。レシーバーはその
まま返球するのではなく、サービスがフォア側
かバック側か、どちらにくるのか素早く見極め
る。斜め後ろに下がり予備動作をとり、前進
する力に変えていこう

POINT!

いいアプローチショ
ットが打てたら前につ
める意識を植えつける
練習です。また一度、
後ろに下がることで前
につめる予備動作とな
り、ダッシュ力、瞬発力
も磨いていけます。

ドリル 6 ▷ サービス後に下がり、アプローチショットする

前につめるスピード、 アプローチショットの精度を高める

方法

①球出し役であるサーバーはサービスライン付近からサービスを打つ

②逆側のコートの選手はサービスラインとベースラインの中間付近に構え、 そこから後ろに下がってサービスをストロークで返球する。その後、前に つめていく

③サーバーはサービス後に後ろに下がり、相手の返球を強打する。その後、 前につめていく

④ラリーを続ける

サービス後に後ろに
下がって打つ際は、
距離感を図りながら
適切なアプローチシ
ョットを打っていこう

POINT!

　サービス後に後ろに戻って、相手の足元に沈めるような打球を打ち、アプローチショットの精度や前につめていくスピードを高めていく練習です。

ドリル 7 ▷ カットサービスをノーバウンドで短く返球

短いボールの処理力を高める

方法

①球出し役はベースラインからカットサービスを打つ

②逆側のコートの選手はベースラインに構え、カットサービスをノーバウンドで短く返球する

③ローボレーでラリーを続ける

サービスを返球する選手は相手のラケットにボールが当たってから前に動いていく。返球が短いが、あえて前にいくタイミングを遅らせることで、より対応力が身につく。ローボレーをする際は、立ち位置を変えるなどし（下がりながら取るなど）、自分でアレンジしていこう

この練習は、カットサービス＝短いボールと捉え、短いボールの対応力を磨く練習です。カットサービスをノーバウンドで返すことはむずかしいですが、この練習で慣らし、短いボールの返し方を学んでいきます。

23

ドリル
8

ネットに近い場所からのカットサービスを
相手足元に返す

カットサービスの感覚を高める

方法

①球出し役であるサーバーはサービスラインの後ろからカットサービスをベ
ースライン付近に打つ
②逆側のコートの選手はベースラインとサービスラインの間に立ち、下がっ
て、サーバーの足元に返球する

　ネットに近い場所からカットサービスを打つことで、ネットから近くても浮かないようコントロールし、カットサービスの感覚をよくしながら、レシーブ側も深めのカット系の球出しをサーバーの足元に返す練習になります。

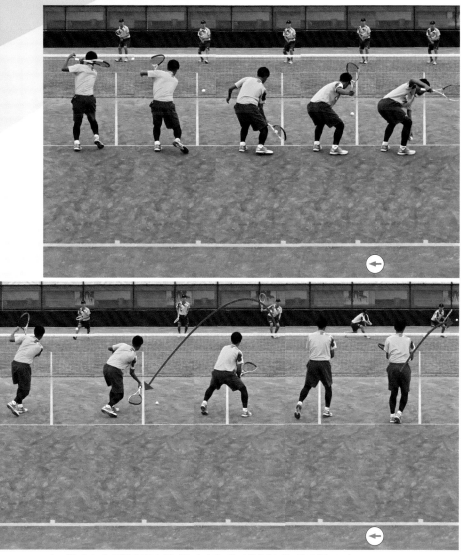

レシーブはバックでもさばけるようにしよう。短いカットサービスの場合は2バウンドでも返していく

<table>
<tr><td>ドリル
9</td><td>▷ カットサービスの返球をノーバウンドで返す</td></tr>
</table>

カットサービスで前につめる力を習得する

方法

①球出し役のサーバーはベースライン後ろからカットサービスを打つ
②レシーバーである逆側のコートの選手は、ネット前でカットサービスをノーバウンドで返球する
③サーバーは前につめ、レシーブをノーバウンドまたはワンバウンドで返す
④ボレー&ボレーでラリーを続ける

サーバーは前につめる時間をつくりつつ、ボレー&ボレーにもち込む

　この練習ではカットサービスで前につめる感覚の習得を目指します。サーバーはカットサービスを打って、相手レシーバーにノーバウンドで返球させ、返球のタイミングを早くし、より時間のない中で対応力を身につけます。

サーバーがワンバウンドでとる

サーバーがノーバウンドでとる

ドリル 10 カットサービスを下がりながら返球し、その後、前につめる

カットの変化に合わせ、相手には異質のボールを打つ

方法

① 球出し役のサーバーはサービスライン後ろからカットサービスを打つ

② レシーバーである逆側のコートの選手はサービスライン後ろに構え、カットサービスを下がりながらワンバウンドで返球する。その後、前につめる

③ サーバーは前につめず、ローボレーで返球する

④ レシーバーはワンストロークで上がり、ボレーで対応する

レシーバーは深めに入ったカットサービスに対し、カットの変化に合わせながら、相手の足元にカットとは異質のボール（ドライブ回転のボールなど）を打つ練習です。サーバーは前につめず、サービスボックス（スペース）を空けて、相手を確認しながら打つ習慣をつけましょう。

レシーバーはサーバーとネットの間に返球する

ドリル 11 ▷ サーバーはポジションを前後させて、相手返球に対応する

レシーバーがスペースを見ているか、判断する

方法

①球出し役のサーバーはサービスラインの後ろからカットサービスを打つ。サービス後に３歩で前に入る

②レシーバーである逆側のコートの選手は、サービスラインの後ろからスタートし、下がりながらカットサービスを返球する

③サーバーは自分の打球がワンバウンドするタイミングで後ろに下がる

④相手の返球に対応し、ラリーを続ける

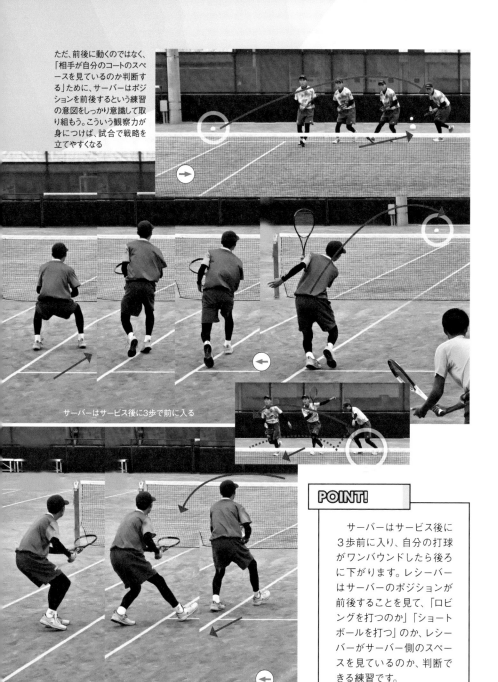

ただ、前後に動くのではなく、「相手が自分のコートのスペースを見ているのか判断する」ために、サーバーはポジションを前後するという練習の意図をしっかり意識して取り組もう。こういう観察力が身につけば、試合で戦略を立てやすくなる

サーバーはサービス後に3歩で前に入る

自分の打球が相手コートでワンバウンドしたら下がる

POINT!

サーバーはサービス後に3歩前に入り、自分の打球がワンバウンドしたら後ろに下がります。レシーバーはサーバーのポジションが前後することを見て、「ロビングを打つのか」「ショートボールを打つ」のか、レシーバーがサーバー側のスペースを見ているのか、判断できる練習です。

ドリル 12 ▷ レシーブ後に下がってから前につめる

身体のバランスをあえて崩し、
トレーニング要素を盛り込む

方法

①球出し役のサーバーはサービスライン後ろからサービスを打つ

②レシーバーである逆側のコートの選手は、サービスライン後ろで構え、下がりながらネットとサービスラインの間付近でレシーブする。レシーブ後、前につめる

③サーバーもサービス後、一歩前につめる動作を入れ、その後、下がって相手レシーブをワンバウンドで返球後、前につめる

④ラリーを続ける（ボレー＆ボレーを続ける）

　レシーバーは下がりながら打つため、動作が大きくなり、身体のバランスが崩れます。あえてバランスを崩した中でもショットの精度を維持する力を養う練習です。トレーニング要素も含まれています。サーバーもサービス後に前につめる動作を入れることで、前後の動作が大きくなり、身体のバランスを調整しなければなりません。

さらに、バランスが崩れるようにフォアとバックを交互に行う。前につめて&下がる＝動きに強弱をつけよう。サービスは深めでOK

サービス後、一歩前に
つめる動作を入れる

ドリル **13** ▷ 下がりながらノーバウンドでカットサービスを返す

間に合わなかったときなど、
下がりながら瞬時に身体をさばく

方法
①球出し役のサーバーは、サービスラインの後ろからカットサービスを打つ
②レシーバーである逆側のコートの選手は、サービスラインから下がりながらカットサービスをノーバウンドで返球する
③ラリーを続ける

POINT!

試合で緊張しているときや相手打球との間が合わなかったときなどに、下がりながら瞬時に身体をさばいて対応できるようになるための練習です。カットサービスの球筋に対し、敏感に対応できるようになります。

カットサービスが浮いてくる、変則的な待ち時間にも対応する。レシーバーの下がり方は、「正面を向いて下がる」「右を向いて下がる」「左を向いて下がる」など、それぞれに意味がある。考えて取り組んでいこう

ドリル **14** ▷ 下がりながらワンバウンドでレシーブを返す

運動量をアップさせる

方法
① 球出し役のサーバーは、サービスラインの後ろからカットサービスを打つ
② レシーバーである逆側のコートの選手は、サービスライン付近から下がりながらカットサービスをワンバウンドで返球する
③ ラリーを続ける

この練習がむずかしく感じる場合は、フライングして下がっていくとよい

POINT!

　ドリル13ではレシーバーがノーバウンドで返球していましたが、ここではさらに下がってワンバウンドで対応します。カットサービスを打つ場所とレシーバーの距離が近い分、運動量がアップしていきます。これは、バック側にロビングが上がったときや、スマッシュのフォローで下がるときと同じで下がりにくい状況です。クロス側、逆クロス側と下がる方向により、身体の向きや使い方が変わってくることを感じましょう。

ドリル 15　カットサービスを後ろからダッシュして返球する

カット系のボールが飛んできたときの対応力を高める

方法

① 球出し役のサーバーはベースライン付近からカットサービスをサービスボックスを狙って打つ

② レシーバーである逆側のコートの選手は、ベースライン付近から前にダッシュし、カットサービスを返球する。その後、さらに前につめる

③ サーバーはストロークで対応し、ラリーを続ける

　試合中に前につめていったら、相手打球がドライブ系のボールではなく、カット系できたときを想定した練習です。レシーバーはカットサービスに合わせてダッシュしていきますが、カットサービスの球際をとらえるのはむずかしく、日頃から練習しておかなければなりません。また、この練習はカットサービスを打つ機会を増やす目的もあります。

球筋を素早く予測し、カット系のボールに対する身体さばき、ボールさばきをマスターしよう

ドリル 16 カットサービスを後ろからダッシュして
ノーバウンドで返球する

より素早いダッシュ力を養う

方法

①球出し役のサーバーはベースライン付近からカットサービスをサービスボックスを狙って打ち、前へ行く

②レシーバーである逆側のコートの選手は、ベースライン付近から前にダッシュし、カットサービスをノーバウンド返球する。その後、さらに前につめる

③サーバーは相手打球が浮いてきたら、叩く

④レシーバーが返球できたら、ボレー合戦を続ける

　ドリル14同様に、試合中に前につめていったら、相手打球がドライブ系のボールではなく、カット系できたときを想定した練習です。ワンバウンドでレシーブしていたところ、ここではカットサービスをノーバウンドで返します。サーバーは、レシーバーにカットサービスを低いところで触らせ、浮いてきたボールを高いところでとらえて叩きます。

カットサービスを打つ選手はサービスの長短をコントロールする。また、相手返球の球筋を感じて動くようにしよう

41

ドリル 17 　足元への球出しをすくい上げてフォローを返す

スマッシュのフォロー時の
ラケットワークを磨く

方法

①ネット前に立つ球出し役が相手の足元を狙って手出しボレーをする

②ネットとサービスラインの中間くらいに構える逆側のコートの選手はすくい上げて返す

③すくい上げられたボールを、球出し役はスマッシュする

④ラリーを続ける

POINT!

これはスマッシュのフォローの練習で、ラケット面をどのような角度にすればすくい上げられるのかなど、ラケットワークを覚えます。

球出しを緩く出すか、速く出すかで、3本目のスマッシュの打ち方は変わってくる。緩い
球出しならば、下がるタイミングでインパクトするようになる

ドリル **18** ▷ 上げボールをノーバウンドで返球する

ダブルフォワードの ボレー&ボレーの動作づくり

方法
① ネット前に立つ球出し役が手出しボレーをする
② 逆側のコートのサービスライン付近に構える選手は上げボールをノーバウンドで返球する
③ ボレー&ボレーを続けていく

POINT!

　球出し役は3球目で、上げボールをノーバウンドで返球した選手は2球目、4球目で仕留めることを考えます。ダブルフォワードのボレー&ボレーの動作づくりのため、この練習ではできるだけラリーを続けずに決めにいきます。相手の身体を狙ってボレーし、自身がボレーをする場合はインパクト時に、（動作が大きくなりミスをするのを防ぐため）ラケットを引くイメージでボレーしていきましょう。

上げボールをノーバウンドで返球する選手はサービスライン付近で構えているが、動作が大きいとミスになるので注意しよう。相手をよく見て、しのぐべきか、攻めていけるのか、予測できるようになろう

▷ **ノーバウンドで2球返球後にボレー&ボレー**

瞬間的な動き、
脳への指令をスピーディーにする

方法

① ネット前に立つ球出し役が3球持ち、1、2球目を相手の身体に当てにいくようなボールを出す

② 逆側のコートのサービスライン付近にいる選手は1、2球目をノーバウンドで返球する

③ 3球目の上げボールの際、球出し役は1、2球目のように相手の身体に当てにいくように球出しをしながら下がる

④ 逆側のコートのサービスライン付近にいる選手はノーバウンドで返球する。ここからボレー&ボレーでの連続プレーが始まる。10秒間、途切れるまで行う

3球目からボレー&ボレーをするために、球出し役はボールを3個持つ。ダブルフォワードのボレー&ボレーを想定すると、反復横跳びのような動きのつけ方に変わる

　ドリル18のバリエーション練習で、3球目からボレー合戦となります。コーディネーションや瞬間的な動き、脳への指令をスピーディーにする狙いがあります。また、トレーニング要素も含まれてきます。慣れてきたら手に持つ球を増やしていきます。

ドリル
20 ＞ スマッシュをローボレーで返す

ローボレーを強化する

方法
①ネット前に立つ球出し役が自分でトスアップし、スマッシュを打つ
②逆側のコートのサービスラインの後ろ付近にいる選手は、スマッシュをローボレーで返球する
③球出し役が返球し、ボレー＆ボレーを続ける

POINT!

（理想としては）トスアップとインパクトまでの動作を見て、ローボレーを決めにいく練習です。球出し役がボレーではなく、トスアップして上方からラケットを操作して打ってくるボールをローボレーで返すため、スマッシュフォローにつながります。スマッシュの球筋を予測していくことが大事。また、スマッシュ後の動作を素早く行います。

スマッシュは相手のボディ（おへそなど）を狙って打つと決まりやすい

ドリル 21 ▷ 前につめてスマッシュをノーバウンドで返す

距離を広げることでズレを生じさせ、調整力&対応力をUP!

方法
① ネット前に立つ球出し役が自分でトスアップし、スマッシュを打つ
② 逆側のコートのベースライン付近にいる選手は、前にダッシュし、スマッシュをノーバウンドで返球する
③ 球出し役が返球し、ボレー&ボレーを続ける

対応しやすいところにボールが返球される確率は、ドリル20よりも低く設定しなければならない。予測しなければいけないスペースが広い分、守る範囲も広くなる

　ドリル20と同様に、球出し役はトスアップしてスマッシュの形で打ちます。異なるのは、逆側のコートの選手がベースラインから前につめて、上げボールをノーバウンドで返す点です。ベースラインから前進するため、動いている距離が延び、動きのズレも大きくなります。この練習により調整力と対応力が身についていくはずです。

ドリル 22 ｜ 手前コートでワンバウンドさせたボールをノーバウンドで返す

取りづらいボールの変化に瞬時に対応する

方法

①球出し役はサービスを自分のコート内でワンバウンドさせて、上げボールする

②逆側のコートのサービスライン付近にいる選手は、その上げボールをノーバウンドで返球する

③ラリーを続ける

　逆側のコートにいる選手にとっては、相手コートでワンバウンドしたボールは、タイミングと球の伸び（距離感）が通常と変わります。待ち時間も長くなり、取りづらい状況ですが、それに対応する力を磨きます。うまく打つためには、引きつけて打つことが重要です。

逆側のコートにいる選手はサービスライン付近での立つ場所を変えるなどし、
身体を流しながら取るなど自分で工夫しよう

引きつけて打つ

<table>
</table>

ドリル 23

手前コートでワンバウンドさせたボールを返す（前につめる）

さらに距離感が変わり、より対応力が求められる

方法

①球出し役はサービスを自分のコート内でワンバウンドさせて、上げボールする。

②逆側のコートのベースライン付近にいる選手は、前にダッシュし、上げボールを自分のコートではノーバウンドで返球する

③ラリーを続ける

POINT!

ドリル22と同じ設定で、相手ボールを前にダッシュして拾いにいく中で、予測がむずかしいボールに合わせ、つないでいく場面です。上げボールを返球する選手がベースラインからスタートすることで距離感が変わり、さらに対応がむずかしくなります。具体的には、ドリル22のときよりも、上げボールがさらに伸びてきます。

ベースラインから前にダッシュする選手はできるだけ高い打点で打てるとよい

手前コートでワンバウンドさせたボールを返す
（サーバーがサービス&ボレー）

素早い前進でテンポを上げる

方法

①球出し役はサービスを自分のコート内でワンバウンドさせて、上げボールする。

②逆側のコートのベースライン付近にいる選手は、上げボールを自コートでもワンバウンドさせて返球する

③球出し役はサービス後、前につめて、相手の返球をローボレーで返球する

④ラリーを続ける

ドリル23の発展練習で、サービス側のサービス＆ボレーの練習になります。上げボールの際に、自分のコートでワンバウンドさせるため、強く地面に叩きつけ、次にローボレーをしにいくことで、動きに強弱がつきます。球出し役はサービス後に前にダッシュし、相手の返球をローボレーしていきましょう。

また、逆側のコートの選手は、上げボールのサービスに対し、ストロークで返球しますが、バウンド後、ボールの上がりっぱなを打って返球し、テンポを上げていけるようにしましょう。

サーバーは少し前にポジションをとり、下がってから打つことで勢いがつく

ドリル **25** ▷ 体育座りから立ち上がってボレー

あえて身体のバランスを崩して対応

方法
① ネット前に立つ球出し役はボレー&ボレーのゆっくりしたボールを上げる
② 逆側のコートの選手はサービスライン付近に体育座りし、球出しされた
　 ボールをノーバウンドで返球し、立ち上がって前にダッシュ。一方で球出
　 し役は球出し直後、すぐに後退してボレー&ボレーに備える
③ ラリーを続ける

片方の選手は体育座りからスタート

体育座りをした選手はボールを待たずに叩きにいく意識を持とう

POINT!

　体育座りをすることで、身体のバランスを崩した中でボレーする力を養う練習です。(起き上がったあとの) バランスを整える動作はやっておかないと本番ではできません。日頃から試合の場面を想定した練習を数多く行いましょう。

ドリル 26 ▷ ワンバウンドしたボールを 体育座りから立ち上がってボレー

さらにボールに変化を加え、 身体のバランスを崩して対応

方法

①ネット前に立つ球出し役は、逆側のコートでワンバウンドさせたボールを 出し、すぐ下がる

②逆側のコートの選手はサービスライン付近に体育座りし、球出しされた ボールを返球、立ち上がって前にダッシュし、ボレーする

③ラリーを続ける

身体のバランスを崩した中で対応するドリル25の発展練習です。ボールがワンバウンドしたことでさらに変化し、インパクトまでの時間も変わります。この練習を行うことで、さまざまな変化に瞬時に反応できるようにし、予測して動けるようにしていきましょう。

体育座りから素早く立ち上がり、瞬時に体勢を整えよう

ドリル **27** ネット前での体育座りから立ち上がり、
下がってボレー

さまざまな動きを瞬時に行い、
崩れた身体のバランスを整える

方法

①ネット前に立つ球出し役は、逆側のコートでワンバウンドさせ、体育座り
の選手の頭を越す

②逆側のコートのネット前に体育座りした選手は、素早く立ち上がり、球出
しされたボールを下がってツーバウンドする前に返球する

③ラリーを続ける

　体育座りしている選手はドリル26では起き上がって自分の前にきたボールを返球しますが、ここでは頭越しのボールを下がって取りにいきます。「起き上がる」＋「後ろに下がる」といった、さまざまな動きを瞬時に行い、崩れた身体のバランスを整え、ボールを返球していく力を身につけていきます。

　相手に早い段階でミスをさせるか、もしくは自分でポイントを奪うか、考えながら動いていくとより質の高い練習になります。

体育座りしていた選手が起き上がり、下がって返球するのがむずかしい場合は、ツーバウンドさせてヒッティングしていってもOK

1つの設定から
何パターンにも展開を広げ、
試合の全場面を網羅する

第 2 章

リアルな想定場面からの形式練習

ドリル 1 ▷ ツイストから始まる形式練習──「動いた相手を突く」

「ツイストを打たれてもストロークで ぶつけにいく」技術を身につける

方法

①両側のコートのセンターマークに対し、サービスライン、ベースラインに選手は構え、4人が一直線上に並ぶ。つまりA、Cがベースライン上、B、Dがサービスライン上

②Bがまっすぐ球出しし、Dが左右どちらかにツイストをする

③Bがツイストを拾い、Dが動いたほうにストロークでぶつけていく

④ラリーを続ける

　ツイストを打ったあとの相手ペアが、ポジションをとるために動くところをストロークでぶつけていきます。相手にツイストで揺さぶられることがわかった状況で、逆にポイントを取りにいく練習です。

形式練習は決まりごとを行った上で、その練習からさまざまなことを身につけていく。だからこそ、決まりごとでのミスはなくさなくてはならない。ペアのツイストに合わせて、ベースラインプレーヤーも動きを連動させていこう

ドリル 2 ツイストから始まる形式練習 ──「ツイストを短く返す」

「短く打たれたボールを短く返す」技術を身につける

方法

①両側のコートのセンターマークに対し、サービスライン、ベースラインに選手は構え、4人が一直線上に並ぶ

②Bが球出しし、Dが左右どちらかにツイストをする

③Bがツイストを拾い、Dがいない方向へ短いボールで返す

④ラリーを続ける

　短いボールを短く返す形式練習です。短いボールというのは勝負の分かれ目です。自分のペアが短いボールを打った場合、相手にも短く打たれる可能性もあるということを覚えましょう。

ペアがツイストを打ったら、相手にも短いボールを打たれることを予測していく

ドリル 3 ツイストから始まる形式練習
──「相手の動きを見て、相手のいないほうへ打つ」

「相手の動きを見て返球する」技術を身につける

方法

①両側のコートのセンターマークに対し、サービスライン、ベースラインに選手は構え、4人が一直線上に並ぶ

②Dが左右どちらかに球出し、Bがストレートにツイストをする

③Cがツイストを拾い、Bのいないほうにストローク（3球目）で打っていく

④Aがカバーに入って打つ

⑤C、Dはダブルフォワードの形

　この形式練習ではツイストを打たれたあと、相手の動きを見て3球目を打っていけるようにすることが1つ目の狙いで、ツイストをした相手がいないほうへ打っていけるようにします。また、ツイストを打った選手は、相手が前にいることを感じて、ペアのAの配球に対応する練習でもあります。

意図を持ちながら1つずつの動きをしていくことで、ペアのカバーリングがしやすくなることを覚えておこう

ドリル **4** ツイストから始まる形式練習
──「ネットから離れている相手の逆に打つ」

ツイストを打たれ、
その反対に打ち連動する

方法

①両側のコートのセンターマークに対し、サービスライン、ベースラインに選手は構え、4人が一直線上に並ぶ
②Dがネット前から球出し、Bが左右どちらかにツイストをする
③ツイストしたBが右か左に移動、ペアのAは逆方向へ移動
④Dはツイストを拾い、Bの動きと反対のほうへストロークを打つ
⑤Aはカバーに入る

　ツイストしたBは少しだけ早めに動き、Dが反対方向に打ちやすいタイミングをつくります。Aが、BとDの動きを見て連動し、プレーすることがポイントです。

ツイストを打たれたほうは、打ちやすいコースに返していくだけでなく、「狙っていく」「攻めていく」意識が大切

ドリル 5

ツイストから始まる形式練習 ──「ネットから離れたネットプレーヤーを狙う」

ツイストを打たれても ぶつけにいく

方法

①両側のコートのセンターマークに対し、サービスライン、ベースラインに選手は構え、4人が一直線上に並ぶ。Bはネットに触れる場所からスタート

②Dがネット前から左右どちらかに、ふんわり深めに球出しをし、Bが下がって左右どちらかにツイストをする

③Dはツイストを拾い、ネットから離れたBを狙ってストロークを打つ

④ラリーを続ける

球出しから2球目をストロークで返球することのほうが簡単ですが、あえてこの練習では
ツイストで返球する。ネットから離れた相手ネットプレーヤーにぶつける練習であり、逆側
のペアにとってはネットから下がってボールをフォローする際、ストロークではなく、ツイスト
など変化をつけて、逆に仕掛けることの練習でもある。また、ぶつけられた選手は返球
後、ひるまず、次にポーチボレーにいくなど攻め返す意識も大切

ドリル 5

ツイストから始まる形式練習 ——「ネットから離れたネットプレーヤーを狙う」

POINT!

　前ページからの連動写真です。Bがぶつけられ、ローボレーで返し、Cがフォロー。その後の場面です。CとDはダブルフォワードの陣形になっています。発想豊かに取り組んでいきましょう。

体勢を崩したネットプレーヤーをきっかけに攻め続けた結果、ダブルフォワードの形でポイント獲得

ドリル 6 ツイストから始まる形式練習 ——「ツイスト後にポーチボレー」

自分で仕掛けたツイストから ポーチボレーでポイントし、 連続プレーをマスターする

方法

①両側のコートのセンターマークに対し、B、Dはネット前、A、Cはベースラインに構え、4人が一直線上に並ぶ

②Bがネット前からふんわり深めに球出しをし、Dが下がってツイストをする

③Bがツイストを拾い、相手ベースラインプレーヤー前に返球する

④ツイストを打ったDはペアのベースラインプレーヤー前に返球されたボールをポーチボレーにいく

⑤ラリーを続ける

ドリル5と同じ場面設定で、ネットから離れたネットプレーヤー(D)がツイストで仕掛けていきます。相手(B)がそのツイストを、自分のペアであるベースラインプレーヤー(C)の前に返球するボールを取りにいく形式練習です。Dはネットから下がってツイストを仕掛けたあとは、斜め前につめ、ポーチボレーを狙っていくようにします。自分で仕掛けたツイストから狙いにいく意識を持ちましょう。難易度が高いという連続プレーではないので、ぜひトライしてみてください。

もし、このパターンがむずかしいと感じる場合は、この練習の前に、球出しをする選手が、相手の返球(自分のペアのベースラインプレーヤーの前に返球するボール)をポーチボレーにいく練習をやってみよう。その場合、球出しの選手はあまり早くからポーチボレーを取りにいかないように注意。自分のペアのベースラインプレーヤーの前のスペースは空けておくように

79

ドリル
7 〉 頭越えのボールから始まる形式練習

自分で仕掛けた相手の頭越えの ボールからポーチボレーでポイントし、 連続プレーをマスターする

方法

①両側のコートのセンターマークに対し、B、Dはネット前、A、Cはベースラインに構え、4人が一直線上に並ぶ

②Dがネット前からふんわり深めに球出しをし、Bが下がってDの頭を越すようなロビングで返す

③そのロビングをCが相手ベースラインプレーヤーAの前にストロークで返球する

④ロビングを返したBは、ペアのベースラインプレーヤーAに向かって返球されたボールをポーチボレーにいく

⑤ラリーを続ける

POINT!

　この形式練習は、ドリル6のバリエーション練習です。ドリル6では、ネットについていたネットプレーヤーが後ろに下がって相手打球を拾い、ツイストで返球し、その後の返球をポーチボレーにいくという展開でしたが、ドリル7ではツイストで返球するところを、ネット前にいる相手のネットプレーヤーの頭越えのボールで返し、相手ベースラインプレーヤーの返球をすかさずポーチボレーにいくという練習です。

　ドリル7では「頭を越す」という発想を自分の中にも取り込むことが一番の狙いとなっています。実際、ネットについたところから後ろに下がって返球する場合、「ヒッティング」が一番簡単ですが、「ツイストもできる」「頭越えのボールも打てる」とバリエーションを持っていると非常に大きな武器になります。

ネット前からコートの中間付近まで下がって頭越えの
ボールを打つ場合、ラケットワークがむずかしくなる。
下がりながら相手の動きを見て、ラケットの縦面を使
ってロビングを打っていく。また、相手に自分のペアで
あるベースラインプレーヤーの前にボールを打たせる
ために、ポジションをしっかりとることも忘れずに

ドリル 8

DF（ダブルフォワード）×雁行陣
——DF：ロビングを打たれたときの下がり方

ダブルフォワードの陣形時、ロビングは頭越えされていない方が追う習慣をつける

方法

①片側のコートではC、Dがネット前につく（ダブルフォワード）。逆側のコートではセンターライン上のネットとサービスラインの中間にBが、ベースライン付近にAが構える

②Bがクロス方向のサービスライン付近に緩いボールを球出しする

③Dが後ろに下がり、ストレートに打つ

④Bがストレートに打たれたボールをボレーする

⑤CとDが2人でフォローする

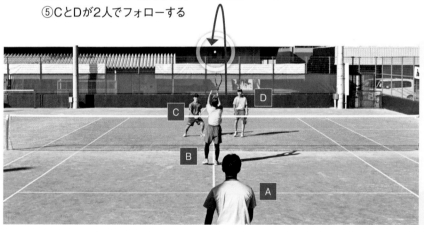

POINT!

　頭越しのボールを打たれ、その球をストレートに打ちます。ストレートに飛んでくることが決まっている（決めごと）球をボレーします。その後、それをフォローにいく形でラリーが続くという練習です。ダブルフォワードでは、頭越えされていないほうが追う習慣をつけましょう。

後ろに下がってカバーリングする選手（D）は、相手も見ながらクロスステップで、つま先を後ろに向けて斜め後ろへ移動しよう

ドリル9

DF（ダブルフォワード）×雁行陣
——DF:ロビングを打たれたときの下がり方（実戦）

相手の動きを見て、
仕掛けていく意識を持とう

方法

①片側のコートではC、Dがネット前につく（ダブルフォワード）。逆側のコートではセンターライン上のネットとサービスラインの中間にBが、ベースライン付近にAが構える

②Bがクロス方向のサービスライン付近に緩いボールを球出しする

③Dが後ろに下がり返球

④Bは少し早めに動き、Dがその反対方向に打つ

⑤ラリーを続ける

Bが写真のコースにロビングを上げるのは、ダブルフォワードの片方の選手が
「前につめる動きをしたから」

POINT!

決めごととして打つ方向を決めず、少し早く動くプレーヤーとは逆方向に打ちます。相手の動きをよく見て、仕掛けていく習慣をつけていきましょう。

ロビングは、頭越えさ
れていないほうの選
手が追ったほうがス
ムーズ

ロビングを追う選
手は、つま先を後
ろへ向けて走る。
正面を向いて下が
るのはNG

85

ドリル 10

DF（ダブルフォワード）×雁行陣 ──DF：下がる選手がヒッティング

下げられたときにも相手を見て ストロークを打っていく

方法

①片側のコートではC、Dがネット前につく（ダブルフォワード）。逆側のコートではネット前にBが、ベースライン付近にAが構える

②Bが相手のダブルフォワードのどちらかの選手の頭上（クロス、逆クロス／実戦では前につめる動きをしている選手の頭上）に緩いボールを球出しする

③頭越えされていないほうの選手が後ろに下がり、ストロークを打つ（平面限定）

球出しはサービスボックス内よりも後ろ付近に出したほうが下がっていく選手はとりやすい。また、ダブルフォワード側の前につめた選手はラリーになったらボレーを狙っていこう（写真はD）

POINT!

ドリル8、9とスタートは同じで、ここまで同様、前につめた選手に対して、頭越えのロビングを上げていく想定です。ダブルフォワード側の頭越えボールを打たれていないほうの選手が後ろに下がり、ストロークを打っていく練習です。

後ろに下がってストロークを打つ選手は相手を見ていることが大切で、ボールだけ見たり、打ちやすいほうに返したりするだけではいけません。駆け引きをして、勝負心を持って取り組みましょう。

相手を見てストロークを打っていく。平面限定でどのコースに打ってもよい

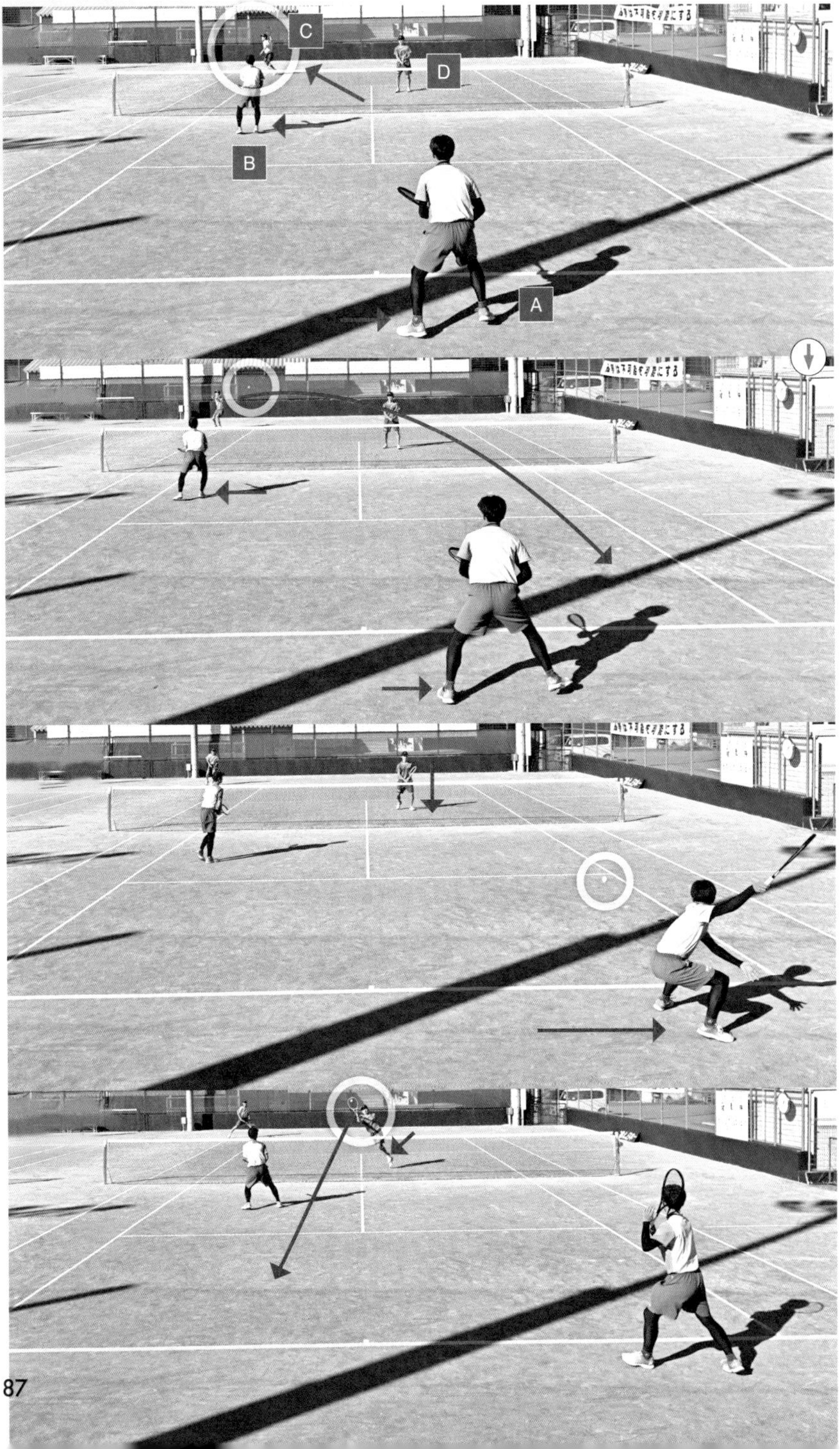

▷ **DF（ダブルフォワード）×雁行陣**
──DF：下がる選手が打ち分け

下げられても相手を見て中ロブか
ロビングを打ち分ける力をつける

方法

①片側のコートではC、Dがネット前につく（ダブルフォワード）。逆側のコートではネット前にBが、ベースライン付近にAが構える

②Bが相手のダブルフォワードのどちらかの選手の頭上（クロス、逆クロス／実戦では前につめる動きをしている選手の頭上）に緩いボールを球出しする

③頭越えされていないほうの選手が後ろに下がり、中ロブ、もしくはロビング限定で返球する

④ラリーを続ける

POINT!

　ドリル10と同じ設定です。ダブルフォワードの後ろに下がってカバーリングした選手が、相手を見ながら中ロブ、もしくはロビングで何かしら仕掛けていく練習です。中ロブならテンポを上げることができ、ロビングで相手ネットプレーヤーの頭越えをしたなら自分たちが体勢を整える（ロビングを打った選手も前につめていける）時間稼ぎができます。

ドリル 12

DF（ダブルフォワード）×DF（ダブルフォワード）
——下がりながらのストローク

前後の動きをつけることを
習慣化する

方法

① 4選手ともにネットとサービスラインの中間くらいに構え、ダブルフォワードの陣形をとる

② Dが、AもしくはBのどちらか前につめたほうの頭越えの球出しをする（写真の場合はBの頭上）

③ 頭越えされていない選手（A）が斜め後ろに下がって、相手の動きを見てロビングを上げる

④ ラリーを続ける

POINT!

　ロビングを読んで、下がりながら相手の動きを見て、ストロークで返球していきます。その際、あえて相手に「前につめる動作を見せる」ことで、相手のコースを限定されることができます。つまり、前につめたほうの頭越えのボールを打ってくる確率が高いため、相手のコースや球種が読みやすくなるということです。

　この練習でははじめにA、Bペアのいずれかが前につめる動きをします。次は、C、Dのいずれかが前につめる動作をし、相手のコースを限定させ、対応していきます。

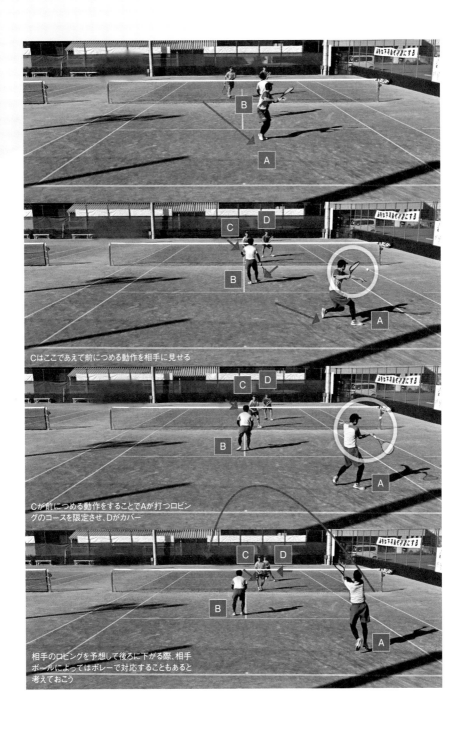

Cはここであえて前につめる動作を相手に見せる

Cが前につめる動作をすることでAが打つロビングのコースを限定させ、Dがカバー

相手のロビングを予想して後ろに下がる際、相手ボールによってはボレーで対応することもあると考えておこう

ドリル 13 ＞ DF（ダブルフォワード）×DF（ダブルフォワード）——ボレー＆ボレーからギアチェンジ

ボレー＆ボレーからの
駆け引きやフットワークを学ぶ

方法

①4選手ともにネットとサービスラインの中間くらいに構え、ダブルフォワードの陣形をとる

②激しいボレー＆ボレーをしながら、4人のうち誰かが頭を越すボールを打つ。慣れるまでは緩いボレー＆ボレーでOK

③頭を越された選手がスマッシュで対応する

POINT!

　ボレー＆ボレーをする中で、どこかのタイミングで頭越えのボールを打ってテンポを変えることも必要です。ドリル13では、そのテンポを変えるタイミングを計ることや、テンポを変えられたときの対応を練習していきます。ラリーの中に強弱をつける（ゆるみを持つ）とともに、頭を越されたボールに対してはラケットの面さばきなども変わってくることを感じましょう。

形式練習の決めごとであるボレー&ボレーでミスをしないよう集中していこう。ボレー&ボレーは相手が打ちやすいところに返すのではなく、外側やボディなどをしっかり攻めていくことが実力アップにつながる

ドリル 14
DF（ダブルフォワード）×DF（ダブルフォワード）
──ボレー＆ボレーからギアチェンジ（発展）

ボレー＆ボレーからの駆け引きから
陣形変化

方法

① 4選手ともにネットとサービスラインの中間くらいに構え、ダブルフォワードの陣形をとる
② 激しいボレー＆ボレーをしながら、4人のうち誰かが頭を越すボールを打つ（写真はD）
③ 頭越えボールを打ったペア（C、D）はダブル前衛に、追いかけたペア（A、B）はダブル後衛の陣形になる
④ ラリーを続ける

POINT!

ドリル13の発展として、ボレー＆ボレーからギアを切り替える練習をしていきます。頭越えボールを打ったペアはダブル前衛。頭を越されたペアはベースラインに下がります。

頭を越された側（B）はスマッシュを叩くことが
できれば、またボレー&ボレーに戻る

頭を越された場合、越されていない選手が後
ろに下がって取りにいくが、それができるよう
になったら、越された選手が取りにいくことに
もトライしてみよう

ドリル **15** ▷ DF（ダブルフォワード）×DF（ダブルフォワード）
──狭いスペースでのボレー＆ボレー

ボレー＆ボレーの場所により
ボレーの角度が異なることを知る

方法
① 4選手ともに片側のサービスボックスに入り、ネットとサービスラインの中間くらいに構え、ダブルフォワードの陣形をとる
② 狭いスペースでボレー＆ボレーする
③ このあとはドリル14と同じ

通常のボレー＆ボレー

　ボレー&ボレーも場所やコースの違いにより、ボレーの角度が変わったり、サイドライ ンへの意識などが異なることを感じる練習です。

片側のサービスボックスだけを使ったボレー&ボレー

左右のサービスボックスでのボレーの角度などの違いを経験しよう

ドリル 16 ▷ ネット際のラケットワークの練習

ネット際の短いボールでは
裏面での対応も意識

方法

① 写真のように、両側のコートともにベースラインプレーヤーA、Cはセンターマーク付近に、それぞれネットプレーヤーB、Dはネットを挟んでポールのところにポジションをとる（スタートポジション）

② Dが球出し。Bはネットと並行に歩きながら、裏面を使ってネット際にショートボールを返し、そのボールをDが同様に歩きながら裏面を使ってネット際にボールを落とす。これを2往復させ、Bの2タッチ目に対してDはBのいない方向に打つ

③ 雁行陣でのラリーを続ける

スタートポジション　　　　　　スタートポジション

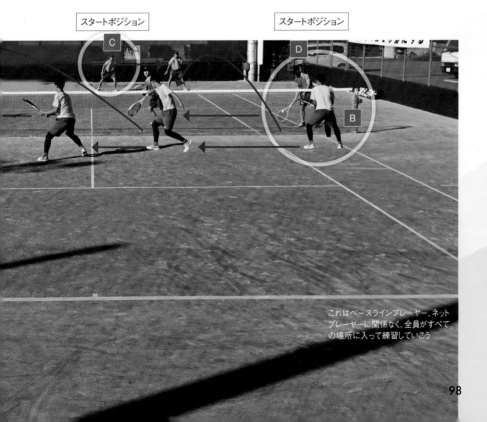

これはベースラインプレーヤー、ネットプレーヤーに関係なく、全員がすべての場所に入って練習していこう

98

　実戦では、ない場面ですが、ネット際のラケットワークの練習として、ネット際を移動しながら短いボールのやりとりをします。

雁行陣でラリー

ドリル **17** ▷ ネット際のラケットワークの練習（負荷をかける）

トレーニング要素も取り入れ、裏面の使い方を学ぶ

方法

①写真のように、両コートのベースラインプレーヤーはセンターマーク付近に、それぞれネットプレーヤーはネットを挟んでポールのところにポジションをとる

②ネット際でB、Dがショートボールのラリーをしている間、両コートのベースラインプレーヤーAとCは、ベースラインと並行に走り、ショットで言えばクロス→逆クロス→クロスと往復する

③Dが球出し。Bはネットと並行に歩きながら、裏面を使ってネット際にショートボールを返し、そのボールをDが同様に歩きながら裏面を使ってネット際にボールを落とす。これを2往復させ、Bの2タッチ目に対してDはAを見て、ドリル16よりも厳しいところへ打つ

④雁行陣でのラリーを続ける

クロス方向

逆クロス方向

クロス方向

ドリル16のバリエーション練習です。ネットプレーヤーがネット際でショートボールの
ラリーをしている間、ベースラインプレーヤーがコートを往復し、負荷をかけてトレーニン
グ要素を加味し、走りながら相手を見てフットワークを行い、ヒッティングしましょう。

雁行陣でラリー

ネット際のラケットワークの練習
（カットやツイストで返球）

ネット際からカットやツイストで仕掛け、テンポを変える

方法

①両コートのベースラインプレーヤーはセンターマーク付近に、それぞれネットプレーヤーはネットを挟んでポールのところにポジションをとる

②ネット際でB、Dがショートボールのラリーをしている間、両ベースラインプレーヤーAとCは、ベースラインと並行に走り、クロス→逆クロス→クロスと往復する

③Dが球出し。Bはネットと並行に歩きながら、裏面を使ってネット際にショートボールを返し、そのボールをDが同様に歩きながら裏面を使ってネット際にボールを落とす。これを2往復させ、Dの2タッチ目に対してBは、カットやツイストで返球する

④雁行陣でのラリーを続ける

ドリル16から続く同じ設定からの練習。ここでは2タッチ目のボールをカットやツイストで変化をつけた返球から陣形が変わっていく発展型練習になります。ベースラインプレーヤーは走りながらも相手の状況を見ていくとともに、動きがある中での対応のため、逆モーションになりやすいですが、実戦を想定して臨機応変に対応する力を養っていきます。

余裕があれば、ベースラインプレーヤーはトレーニング要素が入った中でも、2タッチ目を打つDに、Bは「このスペースが空いている」と思わせるよう、あえてスペースを空けるなど、そのコースに打たせるよう仕向けることも考えてみよう

雁行陣でラリー

ドリル
19

ネット際のラケットワークの練習
（ボレー＆ボレーからスタート）

ポジションどりを素早く行う

方法

①両ネットプレーヤーはネットを挟んでポールのところに、両ベースライン
　プレーヤーはコート左側のサイドライン上にポジションをとる

②ネット際でB、Dはボレー＆ボレーのラリーをしながら移動、その間、両コー
　トのベースラインプレーヤー、Cはクロス→逆クロスへ、Aは逆クロス→
　クロスへ移動する

③ネットプレーヤーはネットに並行に歩きながら、Dから始める緩いボレー
　＆ボレーを2往復、2タッチ目でDがBの頭上にロビングを上げる

④雁行陣でのラリーを続ける

POINT!

　ドリル16からの発展練習です。ここでもベースラインプレーヤーのAとCは相手の状況を見ながら移動する習慣をつけます。ネットプレーヤーのBとDはボレー&ボレー後は素早くポジションをとり、雁行陣の陣形を整えていきましょう。

ボレー&ボレーからロビングをして仕掛けたDは、
次のボールを狙っていく

ロビングを打たれたBはAのフォローを意識しよう

ドリル 20 ▷ サービス&レシーブとストレートボレーの練習 （左ストレート／バックボレー）

左ストレートのバックボレーは リズムを合わせてとらえる

方法

①写真のように、片側のコートはA、Bが左ストレートのポジションに立ち、逆側のコートではC、Dがベースライン上に構える

②Aがストレートにサービスを打つ

③Cがストレートにレシーブを打つ

④Bが左ストレートにバックボレーを取りにいく

⑤C、Dはフォローし、ラリーを続ける

Bが右利きの場合、左ストレートではバックボレーになる。相手の鋭いボールに押されずにバックボレーが打てるようになろう。リズムに合わせて、相手ボールの音を聞いて打つイメージを持つ

POINT!

この練習はサービス&レシーブの練習であり、ネットプレーヤーがストレートのボールを狙いにいく練習でもあります。ストレートのボールをポーチボレーにいくのはむずかしく、ペアの球出し=サービスが短かい場合などは、タイミングの早いレシーブが返ってきます。この練習でできるようになれば、クロスからストレートの展開でのストレートボレーも取りやすくなるはずです。

ドリル 21 ▷ サービス＆レシーブとストレートボレーの練習 （右ストレート／フォアボレー）

打点の幅が広いが、 タイミングを身につけてきっちりボレー

方法

①写真のように、片側のコートはA、Bがベースライン上に構え、逆側のコートではC、Dが右ストレートのポジションに立つ
②Cがストレートにサービスを打つ
③Aがストレートにレシーブを打つ
④Dが右ストレートにフォアボレーを取りにいく
⑤A、Bはフォローし、ラリーを続ける

POINT!

　ドリル20と同様で、右ストレートでのフォアボレーとなります。実戦では逆クロスからストレートへの展開です。このコースでは、右利きならばフォアボレーとなり、打点の幅が広くなります。尽誠学園では、ドリル20、21ともにネットプレーヤー、ベースラインプレーヤー関係なく行っています。

相手の打球にタイミングを合わせ、鋭い打球にも怖がらず、ボールの威力に負けることなくボレーしていこう

ドリル 22 ＞ サービス&レシーブとボレーの練習（逆クロス／ポーチボレー）

バックボレーを
1本で決める意識を

方法

① 写真のように、片側のコートはC、Dがベースライン上に構え、逆側のコートではAが逆クロスのレシーブに、Bは逆クロスのポジションに入る
② Cが逆クロスにサービスを打つ
③ Aが逆クロスにレシーブを打つ
④ Cが逆クロスにストロークを打つ
⑤ Bが逆クロスのボールをポーチボレーにいく
⑥ C、Dはフォローし、ラリーを続ける

ボレーに出るタイミングなどをつかもう

110

POINT!

　この練習は、逆クロスのレシーブからサーバーが逆クロスに返したボールを、右利きの選手がバックボレーで狙いにいく場面です。フォローに2人が入っていますが、1本で決めることを意識してプレーしましょう。

<table>
<tr><td>ドリル
23</td><td>サービス&レシーブとボレーの練習
（ストレート／ポーチボレー）</td></tr>
</table>

ラリーの流れの中で
実戦的なランニングボレーを

方法

①写真のように、片側のコートにはAが逆クロスに、Bがクロスのベースライン上に構える。逆側のコートではCが逆クロスのレシーブに、Dは逆クロスのポジションに入る

②Aが逆クロスにサービスを打つ

③Cが逆ロスにレシーブを打つ

④Aがストレートにストロークを打つ

⑤Dがストレートのボールをポーチボレーにいく

⑥ラリーを続ける

　この練習は、逆クロスのレシーブから、サーバーがストレートに返したボールを右利き
の選手がポーチボレーを狙いにいく場面です。一般的なランニングボレーより実戦度が上
がります。フォローも連動させましょう。

相手の打ち方を見て間合いを合わせる

| ドリル **24** | サービス＆レシーブとボレーの練習
（カットサービスから） |

リズムが変わっても
臨機応変に合わせる調整力を養う

方法

①写真のように、片側ストレートコートにA、B、逆側コートではCがベース
　ラインに、Dがサービスライン付近に立つ
②Aがストレートにカットサービスを打つ
③Dがストレートにレシーブを打つ
④Bがストレートにボレーを取りにいく
⑤ラリーを続ける

　ここまでドリル20からサービス＆レシーブとボレーの練習をしてきましたが、ドリル24では発展練習を行いましょう。カットサービスにすることで滞空時間が長くなり、リズムが変わります。変則的なリズム、テンポになりますが、臨機応変に合わせていきましょう。

　右利きならばバックボレーの練習になり、C、Dペアにはフォロー練習にもなります。

ネット前につめていく中で走り抜けてボレーしよう

ドリル 25 サービス&レシーブとボレーの練習
（カットサービスから／サイドラインからのスタート）

動きながら状況を見る
習慣をつける

方法
①写真のように逆クロスの位置でAがサービス、Bはストレートのサイドライン上、ネットとサービスラインの中間付近に立ち、逆側のコートではCがベースラインに、Dはサービスライン付近に立つ
②Aがストレートにカットサービスを打つ
③Dがストレートにレシーブを打つ
④Bはレシーブをポーチボレーにいく
⑤ラリーを続ける

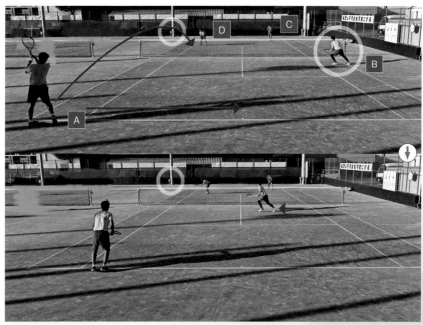

レシーバーは、ボレーする選手にレシーブを触らせるように打つ。ボレーする選手の走り出しについては、自分が絶対にボレーできるタイミングで行おう

116

　Bは走りながら状況を見てボレーしていきます。滞空時間が長いカットサービスだからこそ、ボレーにいくスタートが通常より遅くなります。その中で相手の状況を見る習慣をつけましょう。

ドリル 26

サービス&レシーブとボレーの練習
（カットサービスから／ペアで連動してカバーリング）

ペアで確認し、
連動してカバーリングする

方法

①写真のように逆クロスの位置でAがサービス、Bはストレートのサイドライン上、ネットとサービスラインの中間付近に立ち、逆側のコートではCがベースライン、Dがサービスライン付近に立つ

②Aがストレートにカットサービスを打つ

③Dがクロスかストレートのいずれかにレシーブを打つ

④Bはレシーブに対してポーチボレーにいく。Aはクロス方向をカバーするため斜め前に移動する

⑤ラリーを続ける

クロスへレシーブを打たれた場合、サーバーはサービス後にクロスへ移動し、ローボレーで対応することも考えておこう

Bがストレートへのレシーブをポーチボレーにいくことで、クロス側のスペースが空いてしまうため、ペアのAはクロス方向へカバーリングにいくという形式練習です。試合中、日頃の練習でペアと確認し合い、連動して動くことを覚えます。

ドリル 27 サービス＆レシーブとボレーの練習 （カットサービスから／両ペアが連動）

移動しながら 相手を見ることを忘れずに

方法

①写真のように逆クロスの位置でAがサービス、Bはストレートのサイドライン上、ネットとサービスラインの中間付近に立ち、C、Dは逆側のストレートコートのサービスラインに並んで立つ

②Aがストレートにカットサービスを打つ

③Dがクロスかストレートのいずれかにレシーブを打つ。Cは逆クロス側のサイドに移動し、その後は斜め後ろに下がる

④Bはレシーブに対しストレートにポーチボレーにいく。ペアのAはクロス方向をカバーするため斜め前に移動

⑤ラリーを続ける

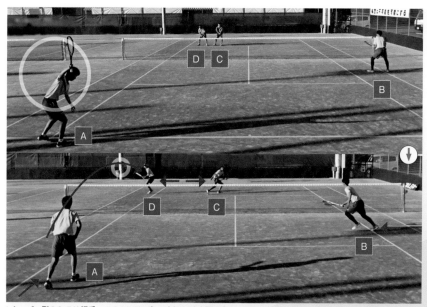

レシーバー側のC、Dは相手ペアのAかBにボレーされることを頭に入れ、すぐにフォローできるような準備をしておく

サーバー側もレシーバー側も相手を見て、ペアが連動してポジショニングしていく練習です。ラリー中の目の向け方、どこを見るべきかなどを感じながら取り組んでいきます。

121

ドリル **28** ▷ **カットサービスをローボレー**

3球目を
ノーバウンドで決めにいく

方法

①写真のように逆クロスの位置でA、隣にB、逆側のコートではサービスラインの後ろにD、逆クロスのベースライン付近にCが入る

②Dがストレートにカットサービスを打つ

③Bが斜め前に移動し、ノーバウンドでカットサービスを打ち返す。Aはクロス側に移動する

④ラリーを続ける

　サービス後の相手のカットレシーブなどに対し前進してローボレーで返す場面です。ローボレーの技術練習はもちろんのこと、バランス感覚や触ったボールによってのポジショニングなど、さまざまな要素が入った複合練習です。3球目をノーバウンドで決めにいきます。

　ローボレーはつなぎにいったり、レシーバーにぶつけにいったり、足元を攻めたりしていきましょう。

カットサービスが浮いたら3球目はハイボレーに、沈んで入ってきたら膝を曲げてローボレーで対応しよう

ペアで前後に移動し、自然とダブルフォワードの陣形へ

方法

①写真のように、Dがサービスラインの後ろに、Cは逆クロス側のベースライン付近で構える。逆側のコートではクロスのベースライン付近にAが、Bは逆クロス側のポールの脇に立つ

②Dがストレートにカットサービスを打つ

③Aが斜め前に移動し、ノーバウンドでカットサービスを返球する。Bはポール脇から斜め後ろに下がり、クロス側へ移動する

④ラリーを続ける

ドリル28の発展練習です。DのカットサービスをノーバウンドでボレーするAに対し、ペアのBは逆クロス側のポール脇からやや斜め後ろに下がってクロス側へ移動します。これにより、互いに連動してスライドしながら、自然とダブルフォワードの陣形がつくられていきます。

Bは下がりながらも、相手を見て状況判断していこう

ドリル 30 ＞ カットサービスの打ち分け＆下がりながらの対応

斜め後ろに下がりながら
ボールに対応する

方法

①片側のペアはネット前に2人で立つ。逆側のペアはセンターライン上に、Aがベースライン、Bがサービスラインに構える

②Aがカットサービスを、クロス側もしくは逆クロス側に打つ

③ネット前のC、Dは後ろに下がりながら、カットサービスをノーバウンド、またはワンバウンドさせて返球する

④ラリーを続ける

　この練習はカットサービスの打ち分けと、ダブルフォワードペアにとっては下がりながら斜め後ろのボールへの対応を学びます。設定としては2人が下がっていくところを見て、相手が足元に落としていこうと狙っている場面でもあります。

　C、Dどちらの選手がとるか、わかりませんが、カットサービスを返球した選手のほうにスライドし、上下左右と素早く判断し、ポジショニングしていきます。

足を動かし、ボールや相手をよく見て、カットサービスを返球し、その後、ポジショニングしていく

ドリル 31 ▷ カットサービスの打ち分け&ハイボレーの対応（距離が延びる）

下がりながらのハイボレーに雁行陣で対応し、バランス感覚を磨く

方法

① 写真のように、片側のペア（C、D）はそれぞれ左右のポール脇に立つ。逆側のペア（A、B）はセンターライン上に、Aがベースライン、Bがサービスラインに構える

② Aがカットサービスを、クロス側もしくは逆クロス側に打つ

③ 左右のポール脇にいるC、Dは後ろに下がりながら、カットサービスをどちらかがボレーで返球する

④ C、Dはダブルフォワードで、A、Bは雁行陣（ラリーの中で陣形チェンジはあり）でラリーを続ける

　ダブルフォワードペア（C、D）はがロビングを読んで下がっていく中で、ハイボレーなど
で対応し、バランス感覚を磨きます。この練習を通じ、どのようになると失点してしまうの
か、ショットミスをするのか、感じることが大切です。

Bはカットサービスを返球しなかった相手のほう（この場合はCのほう）に動くなどすると、
自分のペアのAがポジションをとりやすくなる

ドリル 32 カットサービスの打ち分け＆ハイボレーに対し
下がって対応

ハイボレーに対して
2人が後ろに下がってフォローする

方法

①写真のように、片側のペア（C、D）はそれぞれ左右のポール脇に立つ。
逆側のペア（A、B）はセンターライン上に、Aがベースライン、Bがサービ
スラインに構える

②Aがカットサービスを、クロス側もしくは逆クロス側に打つ

③左右のポール脇にいるC、Dは後ろに下がりながら、カットサービスをどち
らかがボレーで返球する。逆側のコートのAはサービスを打った方向に対
してクロスへ、Bはストレート方向の後方へ下がり、2人ともベースライン
で対応する

④ラリーを続ける

ドリル31の発展練習です。31ではサーバー側の前につめていた選手が前にとどまって雁行陣で対応しましたが、ここでは後ろに下がって、相手のボレーに対応します。一方、ポール脇から下がるダブルフォワード側はハイボレーを決めにいきます。

サーバーのペア（B）は後ろに下がる際、相手のラケットワークを見てポジションをとり、フットワークしていこう

ドリル
33 レシーブを相手前衛にぶつけるところから始まる
形式練習

予想外のボールでも
後衛前には返さないで攻める

方法

①レシーバー側のCはクロスに、ペアのDは逆クロスのサービスラインの後ろで構える。逆側のコートにはクロスにA、センター近くのサービスライン付近にBが入る

②Aがストレートに上げボールをする

③DがレシーブをBにぶつけにいく

④Bはボレーで返し、ラリーが続いていく

予想外のボールが飛んできたとき、相手のベースラインプレーヤーの前に返すことが多くなります。そこで、Bはぶつけられたボールを相手のベースラインプレーヤーの前ではなく、コートの外側のスペースへ逃げていくように打ったり、相手前衛の足元に打つなどして攻めていく練習をします。

レシーバーのDは内側から外側に入っていくポジショニングからBにボールをぶつけにいく

ドリル 34
レシーブを相手前衛にぶつけるところから始まる 形式練習（再度、ネットプレーヤーを攻める）

短いボールの処理を磨く

方法

①レシーバー側のAはクロスに、レシーバーのBは逆クロスのサービスライ ンの後ろで構える。逆側のコートにはクロスにC、センター近くのサービ スライン付近にDが入る

②Cがストレートに上げボールをする

③BがレシーブをDにぶつけにいく

④Dはボレーで返し、Aが再度Dを攻めにいく

⑤ラリーを続ける

ドリル33の発展練習です。Bはレシーブを相手のネットプレーヤーDにぶつけにいき、返球されたボールをA、Bは再度ネットプレーヤーを狙って攻めにいきます。相手がしのいだボレーなので短く返されるはずです。その短いボールをしっかり処理するようにしましょう。

写真ではネットプレーヤーDの返球に対し、Aが反応して再度Dを狙って攻めている

ドリル 35 ラリー中にカット系ボールを相手前衛にぶつける

カット系ボールの返球を上達させる

方法

①写真のように、Aはクロスに、Bは逆クロスのベースライン付近で構える。逆側のコートにはクロスにC、逆クロスにDが入る
②Aがストレートにカットサービスを打つ
③BとDが前進して、レシーバーDはBにストロークをぶつけにいく
④Bはボレーで返し、ラリーを続ける

　この形式練習では、カットを打たれたため、前に出て（D）、その返球を前進中の相手ネットプレーヤー（B）を狙っていく場面を想定しています。カット系で打たれたボールの返球をヒッティングするのはむずかしく、神経を使います。膝をうまく使って技術を磨いてください。

カット系のボールを返球するときは膝を使う

ドリル
36
ラリー中にカット系ボールをノーバウンドで返す

| バランスや距離感に対する
| ラケットワークを磨く

方法
①写真のように、ベースライン上のセンターマーク付近にC、Dが並ぶ。逆側のコートでは、クロスにA、逆クロスにBが入る
②Aがストレートにカットサービスを打つ
③BとDは前進して、Dがノーバウンドでローボレーし、Bにぶつけにいく
④Bはボレーで返し、ラリーを続ける

ドリル35の発展練習です。カットサービスをノーバウンドで取り、バランスや距離感に対するラケットワークを磨いていく練習です。Dがノーバウンドで対応するため、Bはタイミングを早めに合わせておきましょう。

膝を使うとともに身体のさばき方により、コースをコントロールしていく

ドリル 37

カットサービスを ノーバウンドで返すところからの3対2

失敗する機会が多いからこそ、 どんなミスをしやすいのか知る

方法

①写真のようにベースライン上のクロスにA、逆クロスのサービスライン上にBとCが入る。逆側のコートではベースライン上のセンターマーク付近にD、Eが並ぶ

②Aがストレートにカットサービスを打つ

③Eが前進してノーバウンドでローボレーする

④3対2でのラリーを続ける

POINT!

3対2でのラリーです。2人のほう（D、E）は相手が3人（A、B、C）のため、失敗する機会も多くなります。どういうミスが出やすいのか、知ることが狙いの練習でもあります。この形式練習では、「カットサービスをした人（A）は前にいったほうがいいのか」、それぞれ「どういうポジショニングがベストなのか」など、さまざまな疑問や課題が見えてくるはずです。

余裕があればすかさずコースを狙っていこう

ドリル 38 ▷ 移動しながらストローク

負荷がかかってもコースを厳しく狙う

方法

①写真のように、サーバーのAはクロス側のサービスライン付近に、Bは逆クロス側のベースライン上にポジションをとる。逆側のコートではクロスにC、逆クロスにDが入る

②サーバーのAがストレートにカットサービスを打ち、後ろに下がる

③Dは逆クロス→クロスへ、Cはクロス→逆クロスへ大きく移動、CはAのカットサービスを移動しながら返球し、ストローク。その後、前に上がる

④ラリーを続ける

カットサービスでの球出しはベースライン付近を狙おう

POINT!

　移動しながらストロークを打っていく練習です。負荷がかかっている上、A、Bのポジションを見て、その中でもコースを厳しく絞って返球していきます。

ドリル 39 > 移動しながらストロークで死角を狙う

負荷をかけながらポジションを感じる

方法

①写真のように、サーバーAはクロス側のサービスライン付近に、Bは逆クロス側のベースライン上にポジションをとる。逆側のコートでは逆クロスにC、クロスにDが入る

②Aがストレートにカットサービスを打ち、ネットにつめて雁行陣になる

③Dはクロスから逆クロスへ移動してレシーブし、逆クロスの死角にストロークする。その際にCは逆クロスからクロスへ移動して空いたスペースをカバーする

④ラリーを続ける

　移動しながら死角へ打っていく練習です。Dは負荷がかかっている状態でポジションを感じ、狙いにいきます。移動して死角を狙うのはむずかしいです。ただ、これが打てるようになると、相手はサイド寄りのポジショニングとなり、センターが空いて自分たちの攻撃の幅が広がっていきます。相手にポーチボレーに出られることも考えられます。そのときはペアで協力してカバーします。

カットサービスでの球出しはベースライン付近を狙おう。写真ではDの逆クロスの死角へのボールをAがポーチボレーにいき、相手の攻撃を防ごうとしている

ドリル 40

カットサービスを前進して返球する

変則的なボールを
きっちり返す力を養う

方法

①写真のように、センターマーク付近にA、センターライン上のネットとサービスラインの中間にBが入る。逆側のコートはベースライン上のクロスにC、逆クロスにDが構える

②Aがクロスか逆クロスにカットサービスを入れる

③Bは後ろ（ベースライン）へ下がる

④CまたはDが前進してレシーブを打つ（ワンバウンドでヒッティング）。C、Dはダブル前衛の形にする

POINT!

　カット系のボールが短いなど、変則的なボールが定位置ではない場所に飛んでくる場面を想定し、日頃から練習していたほうがいいでしょう。とっさにきたカット系のボールを前進してストロークで返す練習です。

ラリーになると、下がっているところへカットなどで返球すると有効打になる

ドリル **41** カットサービスを前進して2バウンドで返球する

テンポが上がらない中でも ミスなく返球する

方法

①写真のように、ベースライン上のクロスにA、逆クロスにBが構える。逆側のコートはセンターマーク付近にC、センターライン上のネットとサービスラインの中間にDが入る

②Cがクロスか逆クロスにカットサービスを入れる

③AまたはBが前進してレシーブを2バウンド目で打ち、ダブル前衛の形にする

POINT!

ドリル40の発展練習です。カットサービスを2バウンド目で返す＝より一層跳ねず、テンポが上がりません。ボールをとらえるタイミングが遅いとボールを打つまでの待ち時間も増え、逆にミスを招きやすくなります。そういう状況でもミスなくしっかり返球していきましょう。

レシーバーの待ち時間が長い＝サーバー側はより前にいけることを生かして攻めていこう

ドリル **42** ▷ 前進して２バウンドで返球後に３対２

より早いタイミングでの返球に
いかに対応していくか

方法

①写真のように、ベースライン上のクロスにＡ、逆クロスにＢが構える。逆側のコートはセンターマーク付近にＤ、サービスラインのクロスにＣ、逆クロスにＥが入る

②Ｄがクロスか逆クロスにカットサービスを入れ、前進。ＤとＥも前につめる

③ＡまたはＢが前進してレシーブを２バウンドで打つ

④ラリーを続ける

３人側はより前へいける。２人側は２バウンドでの返球なのでテンポが遅くなる上、３人がネットにつめているため速いタイミングでの返球を受け、厳しい状況だが、その中でも打開策を見出すことが大事

　ドリル41の発展練習です。カットサービスをAまたはBが2バウンドで返球するところまでは同じですが、サーバー側が3人となります。3人側からより早いタイミングで返球されてくるので、2人側はそれをいかに対応するのか、考えながら取り組んでいきましょう。

発想力豊かに、工夫されたメニューが盛りだくさんの尽誠学園。ここで紹介する練習法では、不要になった卓球台を使い、ちょっとした工夫でさまざまな要素を磨くことができるということがわかります。卓球台を置く場所、角度の設定、選手の立つ位置、狙う場所、台に当てる回数などをアレンジ。卓球台にボールを当てる、ということでコントロールの精度を上げ、台に当たったボールをフォローするために、鋭いスイングや素早い身体の切り返しなどが必要になります。

学校で不要になった卓球台を活用した練習法

卓球台メニュー **1** 板に当て、2本目をフォロー

跳ね返りが速いため、素早く準備&移動

やり方

①写真のように、卓球台を左右のサイドライン付近に置く

②練習者は自分で落としたボールを打って板（的）に当て、跳ね返ってきたボールを逆側のコート（ターゲット）に打っていく

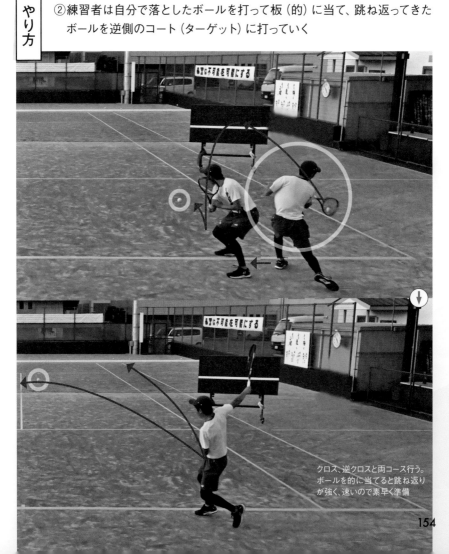

クロス、逆クロスと両コース行う。ボールを的に当てると跳ね返りが強く、速いので素早く準備

154

　卓球台にボールを当てると、次のボールが飛んでくるタイミングが非常に速いです（台を置く場所にもよりますが）。そこで素早く体勢を整え、フォローの準備をすることが大事です。

周りの人に注意して練習に取り組もう

155

卓球台メニュー ②　1球目を前で、2球目は素早く下がって打つ

振り抜きの速さを磨く

やり方

①写真のように、サービスボックスのセンターに2台の卓球台をVの字のように置く

②練習者はベースラインよりも前に出て、自分で落としたボールを打って的に当てる

③1球目の跳ね返ったボールを後ろに下がって打つ

1球目の振り抜きを
どれだけ速くできるよ
うになるか、が狙いの
練習です。1球目を前
に出て打つことで、2
球目はより素早い返
球となってきます。

クロス、逆クロス＝フォ
ア、バックを交互に行う

2回台に当て、3球目はコースを変える

速いタイミングの中、コースを打ち分ける

やり方

①写真のように、サービスラインに卓球台を2台置く

②練習者は台の正面に立ち、自分の落としたボールを打ってスタート。2回台に当て、3回目（3球目）は別のコースに打つ

素早く体勢を整えないと、3球連続で打てない上、3球目はコースも変えられません。
コンパクトに振り抜いていきましょう。

発展練習としては、3球をフォア→バック→フォアの順で打っていく

卓球台メニュー ④ 上げボールから台に当てていく

移動しながら
速いタイミングに合わせていく

やり方

①写真のように、ネットとサービスラインの中間地、左右アレーコートに2
　台の卓球台を少し傾けて置く
②球出し役はクロスからクロスへ上げボールをする
③逆側のコートの選手（卓球台を狙う練習者）は逆クロスからクロスへ移
　動し、上げボールを台に当てる
④練習者は台に当たったボールをフォローする
⑤全員でラリーする

球出し役

卓球台を狙う練習者

球出しはシュートか中ロブの速めの上げボールがよい

コートの端から端まで移動しながら、台に当て、タイミングの速い跳ね返りのボールをフォローする練習です。コンパクトなスイングと素早い振りきり、スピーディーな身体の切り返しなどを身につけましょう。

コート内で選手たちはポジションをとり、練習者が台に当たったボールをフォローしたところから全員で展開する。そのため練習者は2球目を考えて返球しなければならない

161

組織の成長と、個の成長の両輪をしっかり描き導き、勝負強さが身につく取り組みをしっかりと行っていきたい

皆さん、いかがだったでしょうか？　ここ3年間ほど、私たちはコロナで多くのモノを失いましたが、チームにとって唯一と言っていい恩恵が、今回紹介した練習でした。限られた練習時間で運動量と身体のキレを出すには…と年々追求し、いきついたスタイルです。もっともっと工夫し、より効果的になっていくと思いますが、これからも毎日新しい意味のある練習を何か一つ行い、練習終了時に、「気がついたら5km〜7km程度走っている運動量」「日々の練習の過程で感情が揺れ、ありったけの心を動かせるような価値の高い仕組み」を最大限確立していきたいと思います。ぜひとも、大会会場で私を見つけた際にはお声がけいただき、テニス談義に花を咲かせ、皆さんから本書の感想やダメ出し、苦言をいただけたら幸いです。

さて、尽誠学園高校の学校創立はソフトテニスの始まりと同じ1884年で、2024年現在、140年の歴史があります。1976年10月、新居浜商業高校を日本一に導いた小西俊博先生（2024年時で93歳）が、実父の体調不良を機に香川県に戻られるタイミングで尽誠学園に赴任され、〈TEAM尽誠〉が産声を上げました。その小西先生の情熱を塩田孝一先生（2024年時で60歳）が受け継がれ、現在に至っています。

大学卒業後、私が一番やりたかったことは母校で教員になることと競技指導でした。ただ、日々の充実とは裏腹に湧き上がってくる、「これでいいのか？」という葛藤も……。何も偉いわけでは

恩師・塩田孝一先生

ないのに先生と言われることや、年々感じる自分の未熟さ。教員5年目終了の28歳のとき、校長、理事長に辞表を提出し、退職しました。心理学や自己啓発セミナー、非常勤講師、韓国での競技生活、家業の手伝い（バラ栽培）等、失業保険をもらいながら、自分探しの旅の途中のある日、『お前は尽誠に戻れ』と猛烈に背中を押してくださる方が現れました。まさかの出戻り、です。受け入れてくださった大久保直明理事長や職員の皆さん、そして背中を押してくれた恩人に、今でも感謝してもしきれない思いがあります。人とのつながりを大切にしよう——心からそう感じました。

私はソフトテニスが大好きです。競技を始めるきっかけとなった中学時代最初の恩師・大山佳文先生（1、2年時）や、中3時には勝負の楽しさを恩師・三好一生先生から教わり、尽誠学園高時代に小西俊博先生から「貫く原点」を、塩田孝一先生から「大切なこと」すべてを、伊加英隆先生（同校・現女子部監督）から、「発想の豊かさ」を教えていただきました。大学時代には斎藤孝弘監督から「奥深さや、思いやりと感謝の気持ち」を、櫻井智明コーチから「やり続ける強さ」を、北本英幸先輩から「情熱」を学びました。

指導者になってからは全国の指導者の方々から『塩田の教え子か？』とお声がけいただき、私が求めれば本当に多くの学びを授けてくださいました。

左から恩師の小西俊博先生、尽誠学園ソフトテニス部OB・OG会名誉会長の内浪博文さん、恩人の増本弘功さん

北から順に……渡部康弘先生（北海道科学大高）は「愛情」／中津川澄夫先生（東北高）は「ひらめきと柔軟性」／米澤真琴先生（能登）は「下剋上」／白幡光先生（羽黒高）は「ポイント」／小峯秋二先生（北翔大）は「圧倒的な世界」／藤原伸二先生（元千葉県ソフトテニス連盟会長）は「ファミリー」／高田商業高のお三方、楠征弘先生は「競技の神髄」／牧佳代子先生（岡崎城西高）は「勝たせるという使命感」、紙森隆弘先生は「残り15％の世界観」／牧知秀也先生は「鍛え上げること」／牧知秀先生（岡崎城西高）は「本音」／神崎公宏先生（三重高）は「世界」／小牧幸二先生（上宮高）は「物事の見方と目指すべき姿」／戸谷早苗先生（元大阪国際大和田高）は「想いの伝え方」／渡海聡先生（和歌山北高）は「汗を流し魂をぶつけ合う姿」／中本和穂先生（神辺旭高）は「在り方」／大橋元司先生（岡山理大附高）は「大胆さと緻密さ」／野津洋吉先生（松江工業）は「引き出し方」／岩本年章先生（つるぎ高）は「こつこつ作り上げる喜び」／森義敬先生（高瀬高）は「戦術戦略」／小林正憲先生（高松中央高）は「自分らしさ」／加藤潤也先生（米子松蔭高）は「先輩としての姿」／白坂哲也先生（鹿児島商業）は「準備力」／瀬戸口稔先生（都城商業）は「意地の張り方」を、それぞれの指導者の皆さんから学びました。

また、「神認定」実行委員会会長の今泉克氏（熊本県）や宮地正義氏（高知県）も同級生として誇りに思っています。いつもありがとう。必ず全国の決勝で‼そして私自身、OB名誉会長の内浪博文さんから「仁義」を、島根県隠岐島の方々から「人間としての温かさ」を、尽誠学園の白井良尚前々校長から「人柄」を、佐藤良二前校長からは「一芸は多芸に通ずる」を、下山優校長から は「行住坐臥」を、バスケット部の色摩拓也先生からは「生き様」を教えられました。

165

今まで出会ったすべての方々に触れることができずにすみません。同世代や、年下の先生方からももちろん、刺激と大いなる学びをいただいています。また、全国各地で出会った縁深き皆さん、多くの方との貴重な出会いが私の原動力です。そして今までの〈TEAM尽誠〉卒業生全員、大切なお子さんを預けてくださった保護者の方々、ジュニアや中学世代に競技を大好きにさせ、熱心に関わられた指導者の皆さん……これからも皆様の情熱のバトンをしっかりと繋ぎ、〈TEAM尽誠〉でより大きく導けるように関わっていきたいと思います。

そして、塩田慶子さん、私の家族。いつも最大限のサポートをしていただきありがとうございます。「幸あれ」。父・崇、母・恵美子にも心からの感謝を伝えたいと思います。

目の前に起きている出来事にはすべて意味があるととらえ、さまざまな角度から物事を考え、準備し、日々の何気なく起こる「ありがたい」出来事を大切にする。そういった思考から生まれる気づきが、自分自身の行動の軸となり、試合中の「ひらめき」という強さに変化していく。そのために、組織の成長と、個の成長の両輪をしっかり描き導き、勝負強さが身につく取り組みをしっかりと行っていきたいと考えています。もちろん私自身、勝負所の見極め判断を確率高く成功させるためにも、日々の『リアル感・1本の価値・再現性・テニス脳・熱狂的情熱』を大切にし、子どもたちとの会話や仕草を通して、研ぎ澄ましていかないといけないと感じています。まだまだ若造、まずは素敵な出会いから——ありがとうございました。

『感謝・感動・日々成長』

森 博朗

2022四国インターハイ（今治）

2019南部九州インターハイ（宮崎）

2023北海道インターハイ（苫小牧）

写真提供◎ソフトテニス・オンライン（2019、22、23年）

2021北信越インターハイ（能登）

取材協力◎尽誠学園高校の皆さん（2023年12月撮影）

協力	尽誠学園高校ソフトテニス部
企画・構成	八木陽子、青木和子
写真	山田次郎、井出秀人、川口洋邦
デザイン	山﨑裕実華

尽誠学園高校から学ぶ
無限に広がる
ソフトテニス戦術練習

2024年2月29日　第1版 第1刷発行

著者	森 博朗
発行人	池田哲雄
発行所	株式会社ベースボール・マガジン社
	〒103-8482
	東京都中央区日本橋浜町2-61-9 TIE浜町ビル
	電話　　　03-5643-3930（販売部）
	03-5643-3885（出版部）
	振替口座　00180-6-46620
	https://www.bbm-japan.com/
印刷・製本	大日本印刷株式会社